まちごとインド

# South India 023 Backwater
# バックウォーター

## ヤシの木茂る「水郷地帯」

കൊല്ലം - ആലപ്പുഴ

Asia City Guide Production

## 【白地図】南インド

INDIA
南インド

# 南インド

Backwater | 白地図

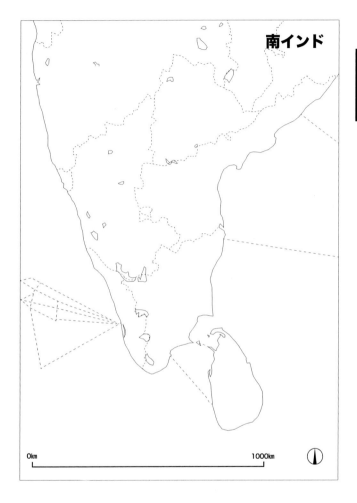

## 【白地図】ケーララ州

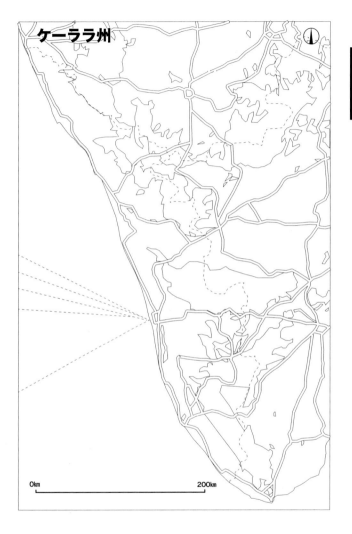

## 【白地図】バックウォーター

**INDIA**
南インド

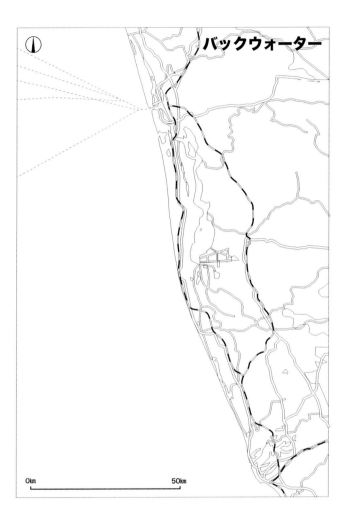

## 【白地図】コッラム市街

**INDIA**
南インド

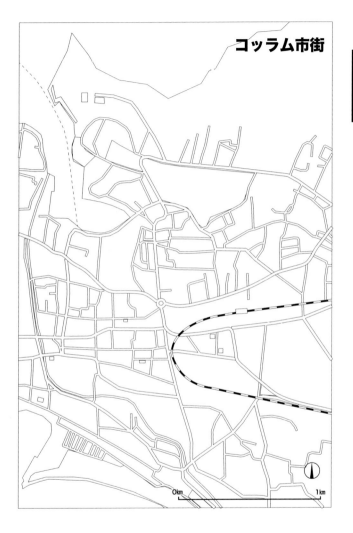

## コッラム市街

Backwater | 白地図

## 【白地図】コッラム

INDIA
南インド

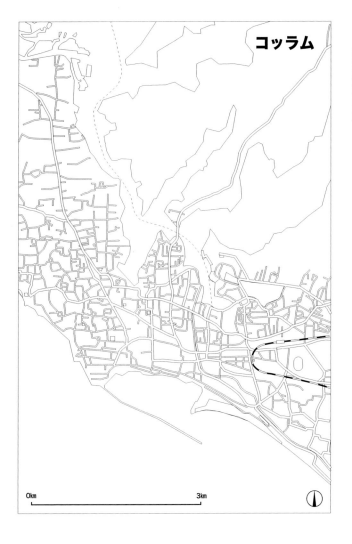

**コッラム** Backwater 白地図

## 【白地図】アラップーザ

**INDIA**
南インド

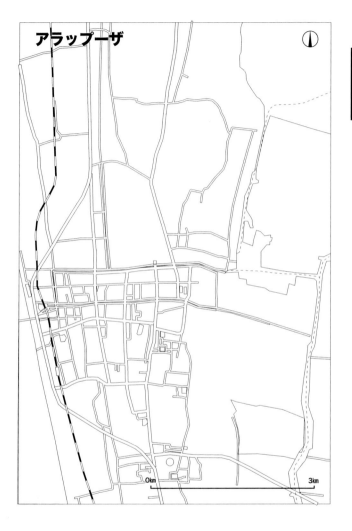

# アラップーザ

Backwater 白地図

## 【白地図】アラップーザ中心部

**INDIA**
南インド

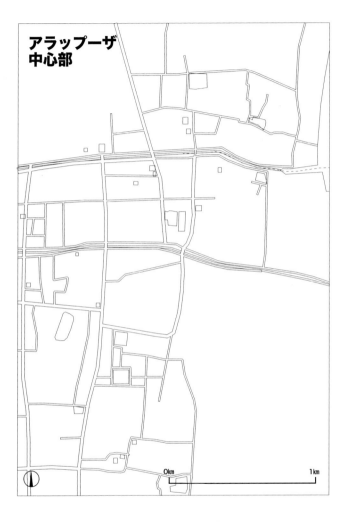

## 【白地図】ヴェンバナード湖周辺

**INDIA**
南インド

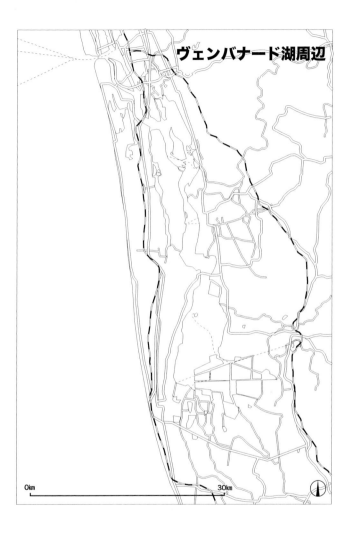

## 【白地図】ヴァイコムシヴァ寺院

INDIA
南インド

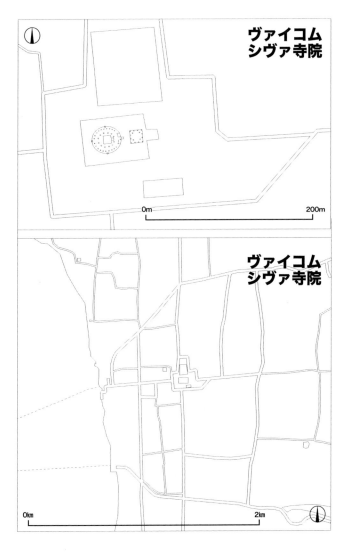

【まちごとインド】

南インド 021 はじめてのケーララ

南インド 022 ティルヴァナンタプラム

**南インド 023 バックウォーター**

　　　　　　　**（コッラム～アラップーザ）**

南インド 024 コーチ（コーチン）

南インド 025 トリシュール

INDIA
南インド

　ア ラビア海へ続くマラバール海岸に沿って南北に伸びるケーララ州。海岸地帯は複雑な地形をつくり、水路が網の目のようにめぐらされている。水郷地帯は潮の満ち干きの際、海からの水が戻ってくるところからバックウォーターと呼ばれている。

　このバックウォーターの中心地がコッラム（クイロン）とアラップーザ（アレッピー）。コッラムは鄭和の大艦隊が中国から訪れるなど海のシルクロードの要衝だったところで、また胡椒の積出港のアラップーザは「東洋のヴェニス」とたた

കൊല്ലം - ആലപ്പുഴ

バックウォーター
(コッラム〜アラップーザ)
# Backwater

えられてきた。

　こうした水郷地帯では、人々を乗せて走る水上バス、漁をするための巨大な四つ手網など、自然と一体化した人々の生活が見られる。水と、どこまでも続くヤシの木がつくりだす景観は世界的にもめずらしく、バックウォーターはケーララの象徴として知られる。

# 【まちごとインド】
# 南インド 023 バックウォーター

## 目次

バックウォーター(コッラム〜アラップーザ) ……………xx

胡椒溢れる海岸へ ……………………………………xxviii

コッラム城市案内 ……………………………………xxxv

自然と生きる人々 ……………………………………xlviii

アラップーザ城市案内 ………………………………lii

コッタヤム城市案内 …………………………………lxi

人々が往来する海上の道 ……………………………lxviii

**【MEMO】**

Backwater

バックウォーター

## 【地図】南インド

## 【地図】ケーララ州

INDIA
南インド

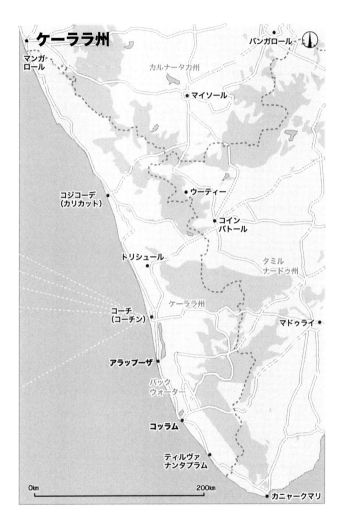

# 胡椒溢れる海岸へ

**INDIA 南インド**

カルナータカ州南部のマンガロールから
コモリン岬にいたるまで700km続くマラバール海岸
洋の東西を結ぶ海のシルクロードの中継点となってきた

### どこまでも続くバックウォーター

バックウォーターとはアラビア海とつながった水路のことで、マラバール海岸沿いを縦横無尽に走っている。バックウォーターという名前は、潮が満ちるときに水が戻ってくる（バックする）現象から名づけられ、この地方に生きる人々はボートを交通手段とし、ワラと呼ばれる漁民が漁を行なっている。道路が整備される近代以前は、西ガーツ山脈で産出される木材、香辛料がバックウォーターを使って運ばれるなど、人々の生活に深く浸透してきた。かつてはバックウォーター一帯で胡椒の木が茂り、胡椒の産地でもあったが、現在

▲左 バックウォーター旅の途上、子どもたちが迎えてくれた。　▲右　魚をおろす人、コッラムにて

は西ガーツ山脈中腹で産出される。

## 海のシルクロードの拠点

マラバール海岸では、紀元前後よりモンスーンを使った海上交易が行なわれ、インドの胡椒、真珠、アラブの乳香、中国の絹織物や陶磁器が運ばれてきた。中世、アラビア海を航海するペルシャやアラブのダウ船（木造の三角帆船）と、ベンガル湾を行き交う中国のジャンク船がちょうどマラバール海岸で出会い、ここは両者の中継地点となっていた（胡椒の積出港といった性格から、海のシルクロードの中継地へと発展

**INDIA**
南インド

した)。14世紀ごろまでコッラムにはマラバール海岸屈指の港があり、ユダヤ商人やアラビア商人、中国の大艦隊をひきいた鄭和がこの地を訪れている。

### 「黒い黄金」胡椒求めて

肉食中心のヨーロッパ人にとって、味つけや保存に効く胡椒は大変、貴重なもので、古代ローマでは胡椒１グラムと金１グラムが交換されていた。マラバール海岸は「世界でここでしかとれない」とされた胡椒の産地で、キリスト教徒やイスラム商人が胡椒の買いつけに訪れていた（ヴァスコ・ダ・ガ

▲左 ケーララ州で使われているマラヤーラム語。 ▲右 アラップーザとコッラムのあいだを結ぶ船

マの航海の目的は「胡椒とキリスト教徒を求めて」だった)。マルコ・ポーロはコッラムについて「王国中でふんだんに胡椒が採れるのだが、これは栽培によるもので、住民たちは木を植え、五月、六月、七月に胡椒を採取するのである」と記し、またアラップーザはコーチとならぶ胡椒の集散地と知られていた。

## 【地図】バックウォーター

### 【地図】バックウォーターの [★★★]
- [ ] コッラム（クイロン）Kollam
- [ ] アラップーザ（アレッピー）Alappuzha

### 【地図】バックウォーターの [★★☆]
- [ ] ヴァイコム Vaikam

### 【地図】バックウォーターの [★☆☆]
- [ ] コッタヤム Kottayam
- [ ] アシュタムディ湖 Ashtamudi Lake

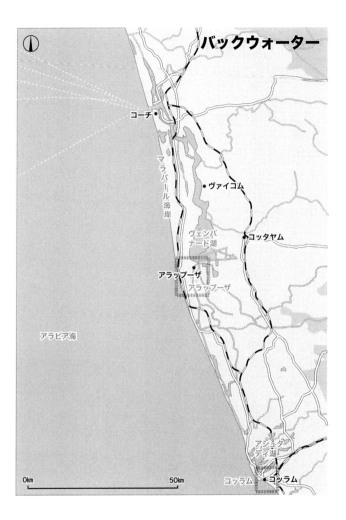

**Guide, Kollam**

# コッラム 城市案内

ティルヴァナンタプラムの北 71 kmに位置するコッラム
インド洋の海上交易拠点として
2000 年の伝統をもつケーララ有数の港町

**コッラム(クイロン) Kollam [★★★]**

カリカットやコーチとともにマラバール海岸を代表する港町として栄えてきたコッラム(クイロン)。アシュタムディ湖畔のこの街は、胡椒、生姜、肉桂などバックウォーターを使った物資運搬の集散地となっていた。12〜14世紀、中国のジャンク船とアラビアのダウ船が訪れる中継地となり、当時、コッラムに都をおいたヴェーナドゥ国の宮廷では学問や文化が咲き誇った。カリカットやコーチの台頭などで14世紀以後は徐々に衰退していったが、16世紀以後、ポルトガル、オランダ、イギリスの商館がおかれている。現在はカーシュナッ

## 【地図】コッラム市街

### 【地図】コッラム市街の [★★★]
- [ ] コッラム（クイロン）Kollam

### 【地図】コッラム市街の [★☆☆]
- [ ] アシュタムディ湖 Ashtamudi Lake
- [ ] コッラム・ビーチ Kollam Beach

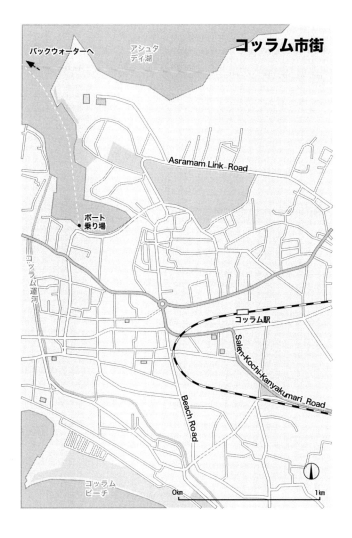

### 【地図】コッラム

### 【地図】コッラムの [★★★]
- [ ] コッラム（クイロン）Kollam

### 【地図】コッラムの [★★☆]
- [ ] ティルムルヴァラム寺院 Thirumullvaram Temple
- [ ] 魚市場 Fish Auction Centre

### 【地図】コッラムの [★☆☆]
- [ ] アナンダ・ヴァレスワラム寺院 Ananda Valleswaram Temple
- [ ] ライトハウス Light House
- [ ] ポルトガル要塞跡 Fort Thomas Ruins
- [ ] コッラム・ビーチ Kollam Beach
- [ ] アシュタムディ湖 Ashtamudi Lake

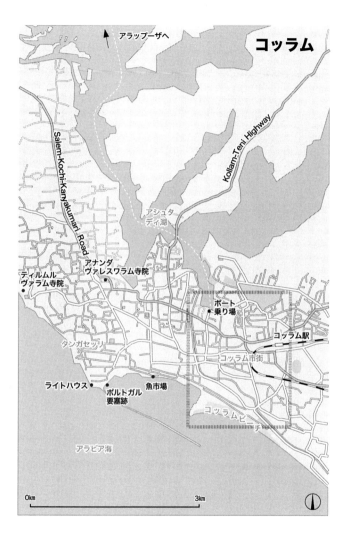

# INDIA
南インド

ツ産業が知られ、歴史的遺構はコッラム西部のタンガセッリに集中している。

## 旅人の残した記録

マルコ・ポーロや中国の航海士など多くの旅人がコッラムを訪れ、その記録を残している。マルコ・ポーロは「住民たちは、女も子供たちも、みな真っ黒で、恥部をきわめて美しい布で覆うほかは、まったく裸で暮らしている」と記し、中国の記録では「広州からジャンクは40日でスマトラ島にいたり、そこで冬を越し、そこから1か月かけてコッラムに達す

Backwater｜コッラム城市案内

る」とある（また13世紀後半のコッラム王は中国に使節を送っている）。木香、乳香、真珠、珊瑚などが他国からもたらされ、コッラムはその取引所として栄えたのだという。

### アシュタムディ湖 Ashtamudi Lake ［★☆☆］
コッラムはアシュタムディ湖の河畔に開けた街で、ここはアラップーザへ続くバックウォーターの入口にもなっている。湖では漁をする人々や鄭和が伝えたという中国式四つ手網チャイニーズ・フィッシング・ネットも見られる。

南インド

### アナンダ・ヴァレスワラム寺院
Ananda Valleswaram Temple ［★☆☆］

コッラム市街西部に立つアナンダ・ヴァレスワラム寺院。シヴァ神がまつられ、多くの人が礼拝に訪れる。

### ティルムルヴァラム寺院 Thirumullvaram Temple［★★☆］

マラバール海岸近くに立ち、ヴィシュヌ神がまつられたティルムルヴァラム寺院。切妻屋根をもつケーララ独特の木造寺院で、寺院裏手にはこぢんまりとしているが美しいビーチが広がっている。

▲左　木造のケーララ様式で建てられたヒンドゥー寺院。　▲右　アラビア海に面して立つライトハウス

## ライトハウス Light House ［★☆☆］

コッラムから西5kmのタンガセッリに立つライトハウス（灯台）。1902年に建てられ、高さは44mになる。

## ポルトガル要塞跡 Fort Thomas Ruins ［★☆☆］

マラバール海岸に面したタンガセッリに残るポルトガルの要塞跡。1498年のヴァスコ・ダ・ガマのインド航路「発見」以来、ポルトガルが南インドに進出し、コッラムにも商館と要塞が構えられた。

南インド

### 魚市場 Fish Auction Centre ［★★☆］

この地方の漁師たちの船、漁獲された魚がならぶ魚市場。ここでは魚を買いつけに来る商人や漁業にたずさわる人々が見られる。

### コッラム・ビーチ Kollam Beach ［★☆☆］

アラビア海に面したコッラム・ビーチ。美しい砂浜が続き、ヤシの木が茂る静かな浜辺となっている。

▲左　コッラムにはいくつものキリスト教会がある。　▲右　漁から戻ってきた人が魚市場に集まる

## キリスト教会とモスク

アラビア海に開けた窓口であったコッラムでは、古くからキリスト教徒やユダヤ教徒の往来があった。アラブ人商人はこのマラバール海岸を胡椒海岸と呼び、かつて海岸の停泊地のすべてにイスラム教徒の邸宅があったと伝えられる。またキリスト教宣教師も積極的に布教を行ない、16世紀以降、ローマ・カトリック教会が進出すると、カーストの低い人々がキリスト教に改宗した（カーストごとに集まる教会が異なるという）。ケーララ州では、キリスト教徒とイスラム教徒がそれぞれ20％の人口を占めるなど、他のインドの地域とくら

# INDIA
南インド

べて宗教的な多様性が突出している。

## キリスト教布教の中心地

1世紀にキリスト十二使徒の聖トーマスが南インドで布教したと伝えられ、そのとき建てられた7つの教会のひとつがコッラムにあったという。また9世紀、ふたりのネストリウス派司教がコッラムを訪れ、教会を建設したという（ケーララのコッラム暦はこのころを起源とする）。こうした経緯から、ケーララのキリスト教徒の源流はすべてコッラムかコドゥンガルールにあるとされ、コッラムは南インドのキリス

▲左 コッラムで見た角錐状の建物。 ▲右 アラビア海にのぞむ浜辺にて

ト教センターと見られてきた。現在、ケーララのキリスト教は、4世紀ごろに伝えられたシリア派キリスト教（東方教会）、15世紀のヴァスコ・ダ・ガマ到来以降に広まったローマ・カトリック、プロテスタントといった系統がある。

# 自然と生きる人々

**INDIA** 南インド

ケーララ平野部には美しい水田が広がり
丘陵地帯では胡椒やコーヒーが栽培される
地上の楽園にたとえられる美しい風土

### バックウォーターを彩るヤシ

バックウォーターでは高さ5～15mほどのヤシの木が延々と続き、実や葉まで隅々まで利用できるヤシは「捨てる場所のない樹木」だと言われる。果肉をしぼってとるヤシ油は南インドのカレーやお菓子に使われる。ヤシの繊維を利用したロープやマットは生活にかかせず、家の屋根はヤシの葉でふかれる。こうしたところから、コッラムやアラップーザなどはヤシの加工品が一大産業となっている。

▲左 バックウォーターを進む船。　▲右 バナナを使った料理がならぶ、栄養価が高い

### 行き交う船

バックウォーターはコラッムからアラップーザ、コーチへと続く。これらの街を南北に結ぶ水路は国道に指定され、バックウォーターを使って物資の運搬や人の移動が行なわれてきた。人々の生活にかかせないケーララ独特の船ケチュバラムはヤシの葉で半円形の屋根をつくり、かつてアラビア海を行き交った木造帆船ダウも、釘を使わず、ココヤシのロープで組みあげられていた。

## INDIA
南インド

### ケーララの食

豊かな緑に彩られたケーララでは、稲作が行なわれ、米とココナッツ油を使ったカレーが食されている。そのほかにもバナナやイモ類、熟した果実などがバザールにならび、バナナを煮たり、焼いたりする。バナナの葉が皿代わりに使われるのは、すぐに採れて便利なこと、ヒンドゥー教の浄不浄の観念から他人の使った食器を再利用せずにすむことがあげられる（中世のケーララでは、中国陶磁器が取引されたが、地元の人は陶磁器に関心を示さなかったという）。

# Guide, Alappuzha
# アラップーザ
# 城市案内

**INDIA** 南インド

湖とバックウォーターで
コーチ、コッラムと結ばれたアラップーザ
アレッピーの呼称でも知られる

**アラップーザ（アレッピー）Alappuzha ［★★★］**

西をアラビア海、東をヴェンバナード湖にはさまれ、市街中心部を縦横に運河が走るアラップーザ。イギリス統治時代の20世紀初頭、この地を訪れたインド総督カーゾンが景観の美しさから「東洋のヴェニス」とたたえたことで知られる。この地は18世紀なかばまでジャングルが広がっていたが、トラヴァンコール王国の宰相ケーシャヴァピッラが森を切り開いて港と街を整備した（ティルヴァナンタプラムに本拠をおくトラヴァンコール王国の勢力下となっていた）。胡椒の一大産地を後背地に抱えていることから、アラップーザ

▲左　アラップーザは胡椒の積出港として栄えた。　▲右　アラップーザの中心に立つムラッカル寺院

はコーチとならぶ胡椒、香料などの積出港となっていた。

### 運河 Canal［★☆☆］

アラップーザ市街を縦横に走る運河。船を使った物資運搬が行なわれ、水上バスが走るなどバックウォーターへの起点となっている。運河には橋がかかり、「東洋のヴェニス」と謳われる景観が広がる。

### ヴェンバナード湖 Vembanadu Lake［★☆☆］

渡り鳥が生息し、湖上にパシラマナル島が浮かぶヴェンバ

## 【地図】アラプーザ

### 【地図】アラプーザの [★★★]
- [ ] アラプーザ（アレッピー）Alappuzha

### 【地図】アラプーザの [★★☆]
- [ ] ムラッカル寺院 MullackalTemple

### 【地図】アラプーザの [★☆☆]
- [ ] 運河 Canal
- [ ] アラプーザ・ビーチ Alappuzha Beach

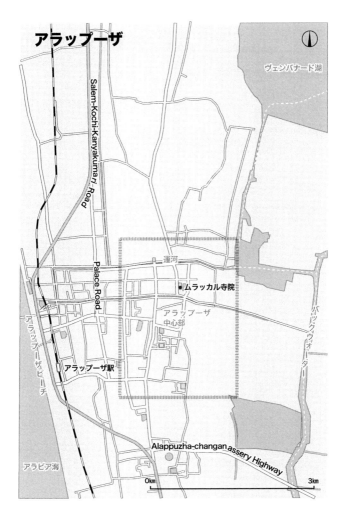

## 【地図】アラップーザ中心部

### 【地図】アラップーザ中心部の [★★★]
- [ ] アラップーザ（アレッピー）Alappuzha

### 【地図】アラップーザ中心部の [★★☆]
- [ ] ムラッカル寺院 MullackalTemple

### 【地図】アラップーザ中心部の [★☆☆]
- [ ] 運河 Canal
- [ ] マール・スリーヴァ・フォーラン教会 Mar Sleeva Forane Church

ナード湖。この湖で行なわれるスネークボートを使ったボートレースはアラップーザの風物詩として知られる。この湖を通してコーチ、コッタヤム、ヴァイコムなどとアラップーザは結ばれている。

## マール・スリーヴァ・フォーラン教会
**Mar Sleeva Forane Church** [★☆☆]

マール・スリーヴァ・フォーラン教会は赤い切妻屋根が印象的なキリスト教会。ケーララの伝統建築とヨーロッパのものが融合している。

▲左 コーチまで101kmと表示されている。　▲右　ヤシの木とバックウォーターがつくる美しい風景

## ムラッカル寺院 MullackalTemple ［★★☆］

アラップーザの中心に立つムラッカル寺院。この地方土着の女神をまつったヒンドゥー寺院で、ケーララ様式の木造建築となっている。

## アラップーザ・ビーチ Alappuzha Beach ［★☆☆］

アラビア海に面した美しいアラップーザ・ビーチ。海に伸びる桟橋は19世紀にかけられた。

南インド

### アール・ブロック R-Block. [★☆☆]

ヴェンバナード湖の南に広がるアール・ブロック。このあたりは海抜が低いことから、堤防が築かれ、そのなかで人々が暮らしている。周囲を水上バスや観光船が行き交う。

### アンバラプライ Ambalapulai [★☆☆]

アラップーザの南15kmに位置するアンバラプライ。多くの人びとが巡礼に訪れるクリシュナ寺院が立ち、この寺院は16世紀に建設された。

# Guide, Kottayam
# コッタヤム城市案内

ヴェンバナード湖の東側に広がるコッタヤム
シリア派の伝統が残るほか
古都ヴァイコムには由緒正しいシヴァ寺院が立つ

## コッタヤム Kottayam ［★☆☆］

アラビア海から内陸に入ったコッタヤムは、西ガーツ山脈で産出される胡椒、木材、コーヒーや紅茶の集散地として知られる（1世紀ごろの『エリュトゥラー海域記』にネルキュンダと記さるなど、この街の歴史は古い）。シヴァ派のティルナッカラ・マハーデーヴァル寺院が立つほか、シリア派キリスト教会のコミュニティも残る。近代、プロテスタント教会によってもたらされた印刷術が根づき、マラヤーラム語日刊紙「マラヤーラ・マノラーマ」の拠点があるなど、文化都市の顔ももっている。

### 【地図】ヴェンバナード湖周辺

## 【地図】ヴェンバナード湖周辺の [★★★]
- [ ] アラップーザ（アレッピー）Alappuzha

## 【地図】ヴェンバナード湖周辺の [★★☆]
- [ ] ヴァイコム Vaikam

## 【地図】ヴェンバナード湖周辺の [★☆☆]
- [ ] アール・ブロック R-Block.
- [ ] アンバラプライ Ambalapulai
- [ ] ヴェンバナード湖 Vembanadu Lake
- [ ] コッタヤム Kottayam

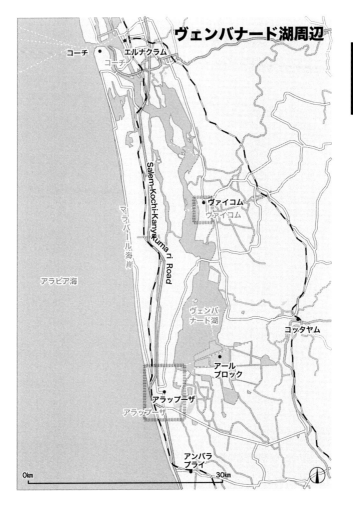

## 【地図】ヴァイコムシヴァ寺院の ［★★☆］
- [ ] ヴァイコム Vaikam

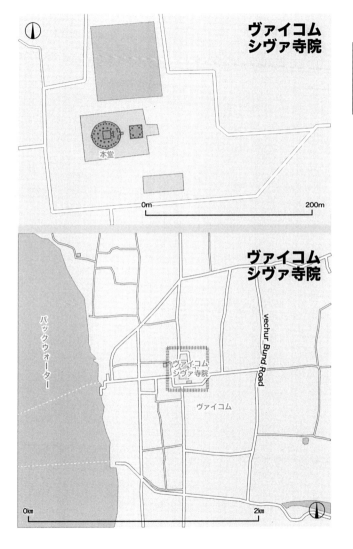

▲左　マラバール海岸は海のシルクロードの一大中継地だった。　▲右　鄭和が伝えたという中国式四つ手網

## ヴァイコム Vaikam ［★★☆］

ヴェンバナード湖のほとりに広がる街ヴァイコム。18世紀なかば、トラヴァンコール王国に征服される以前には地方領主の都がおかれ、1539年に建立されたシヴァ寺院はケーララを代表するヒンドゥー寺院となっている。この寺院の本堂は直径17mの円形プランをしていて、パラシュラーマが発見したというリンガをまつる（パラシュラーマはヴィシュヌ神の化身で、ケーララを海から浮かびあがらせた）。柱や壁面の細部まで彫刻がほどこされている。

# 人々が往来する海上の道

**INDIA 南インド**

ケーララはアラブと中国を結ぶ中継点
アラブやペルシャ商人の居留地がおかれ
富をもたらす商人は地元領主から歓迎された

### 古いキリスト教の伝統

キリスト十二使徒のひとり聖トーマスは、くじ引きでインド布教を担当することになり、西暦52年ごろ、コドゥンガルール（コーチ北30km）に到着した。そこからコッラムをはじめとする7つの街に教会を建て、コモリン岬をまわってマイラポール（チェンナイ南部）で殉死したという。実際、インド洋交易に従事するキリスト教徒の商人の往来などから、4世紀ごろにはキリスト教が南インドに伝わったとされる。ケーララでは地元の生活様式、言語、習慣に順応した東方教会シリア派の伝統をもつ人々が暮らし、この宗派はキリスト

▲左　バラモンの言葉に耳を傾ける人々。　▲右　勾配屋根をもった教会、アラップーザにて

教の東西分裂（11世紀）以前の信仰を残すという。

### 鄭和の西洋くだり

12〜13世紀ごろから中国のジャンク船がインド洋を越えてマラバール海岸に訪れるようになっていた。とくに15世紀、鄭和の大艦隊はコッラム、コーチ、カリカットを訪れ、東アフリカにまで達している（当時、コッラム以西はアラビアのダウ船を使うという慣例があったが、鄭和はその慣行を越えた）。この航海の目的は明（中国）の威光を示し、諸国を朝貢させることにあった。鄭和の西洋くだりは1498年にヴァ

▲左　ケーララの魅力を存分に堪能できるバックウォーターの旅。　▲右　マラヤーラム語による看板

スコ・ダ・ガマがケーララに到着する半世紀以上も前のことで、ガマの船の数倍以上の艦隊規模や人員によるものだった。

## ヴァスコ・ダ・ガマと大航海時代

1498年、アフリカ南端の喜望峰を越えたヴァスコ・ダ・ガマがカリカットに到着し、西欧諸国のインド進出がはじまった。目的は胡椒や香料を獲得することで、マラバール海岸各地に要塞化された商館がもうけられた（それ以前のインド洋は平和な海だったが、ヨーロッパ人は武力で制海権を手に入れた）。当初の主要取引は胡椒だったが、やがて香料、綿布

## 【MEMO】

# INDIA
南インド

へと変化し、交易の中心地もマラバール海岸からコロマンデル海岸、東南アジアへと移っていった。こうしたなか、西欧諸国の勢力もポルトガルから、オランダ、イギリスへと代わっていった。

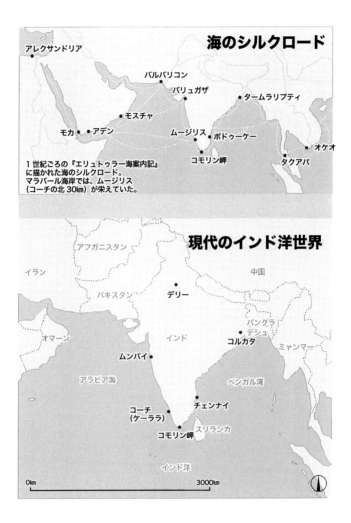

**参考文献**

────────────────────────────────

『世界歴史の旅南インド』（辛島昇 / 山川出版社）

『海が創る文明』（家島彦一／朝日新聞社）

『NHK海のシルクロード』（立松和平・辛島昇 / 日本放送出版協会）

『鄭和の南海大遠征』（宮崎正勝 / 中央公論社）

『大旅行記』（イブン・バットゥータ / 平凡社）

『東方見聞録』（マルコ・ポーロ / 平凡社）

『東方案内記』（リンスホーテン / 岩波書店）

『世界大百科事典』（平凡社）

# まちごとパブリッシングの旅行ガイド
Machigoto INDIA , Machigoto ASIA , Machigoto CHINA

## 【北インド - まちごとインド】

001 はじめての北インド
002 はじめてのデリー
003 オールド・デリー
004 ニュー・デリー
005 南デリー
012 アーグラ
013 ファテープル・シークリー
014 バラナシ
015 サールナート
022 カージュラホ
032 アムリトサル

## 【西インド - まちごとインド】

001 はじめてのラジャスタン
002 ジャイプル
003 ジョードプル
004 ジャイサルメール
005 ウダイプル
006 アジメール（プシュカル）
007 ビカネール
008 シェカワティ
011 はじめてのマハラシュトラ
012 ムンバイ
013 プネー
014 アウランガバード
015 エローラ
016 アジャンタ
021 はじめてのグジャラート
022 アーメダバード
023 ヴァドダラー（チャンパネール）
024 ブジ（カッチ地方）

## 【東インド - まちごとインド】

002 コルカタ
012 ブッダガヤ

## 【南インド - まちごとインド】

001 はじめてのタミルナードゥ
002 チェンナイ
003 カーンチプラム
004 マハーバリプラム
005 タンジャヴール
006 クンバコナムとカーヴェリー・デルタ
007 ティルチラパッリ
008 マドゥライ
009 ラーメシュワラム
010 カニャークマリ
021 はじめてのケーララ
022 ティルヴァナンタプラム
023 バックウォーター（コッラム〜アラップーザ）
024 コーチ（コーチン）
025 トリシュール

## 【ネパール - まちごとアジア】

001 はじめてのカトマンズ
002 カトマンズ
003 スワヤンブナート

004 パタン
005 バクタプル
006 ポカラ
007 ルンビニ
008 チトワン国立公園

## 【バングラデシュ - まちごとアジア】

001 はじめてのバングラデシュ
002 ダッカ
003 バゲルハット（クルナ）
004 シュンドルボン
005 プティア
006 モハスタン（ボグラ）
007 パハルプール

## 【パキスタン - まちごとアジア】

002 フンザ
003 ギルギット（KKH）
004 ラホール
005 ハラッパ
006 ムルタン

## 【イラン - まちごとアジア】

001 はじめてのイラン
002 テヘラン
003 イスファハン
004 シーラーズ
005 ペルセポリス
006 パサルガダエ（ナグシェ・ロスタム）
007 ヤズド
008 チョガ・ザンビル（アフヴァーズ）
009 タブリーズ
010 アルダビール

## 【北京 - まちごとチャイナ】

001 はじめての北京
002 故宮（天安門広場）
003 胡同と旧皇城
004 天壇と旧崇文区
005 瑠璃廠と旧宣武区
006 王府井と市街東部
007 北京動物園と市街西部
008 頤和園と西山
009 盧溝橋と周口店
010 万里の長城と明十三陵

## 【天津 - まちごとチャイナ】

001 はじめての天津
002 天津市街
003 浜海新区と市街南部
004 薊県と清東陵

## 【上海 - まちごとチャイナ】

001 はじめての上海
002 浦東新区
003 外灘と南京東路
004 淮海路と市街西部
005 虹口と市街北部
006 上海郊外（龍華・七宝・松江・嘉定）
007 水郷地帯（朱家角・周荘・同里・甪直）

## 【河北省 - まちごとチャイナ】

001 はじめての河北省
002 石家荘
003 秦皇島
004 承徳
005 張家口
006 保定
007 邯鄲

## 【江蘇省 - まちごとチャイナ】

001 はじめての江蘇省
002 はじめての蘇州
003 蘇州旧城
004 蘇州郊外と開発区
005 無錫
006 揚州
007 鎮江
008 はじめての南京
009 南京旧城
010 南京紫金山と下関
011 雨花台と南京郊外・開発区
012 徐州

## 【浙江省 - まちごとチャイナ】

001 はじめての浙江省
002 はじめての杭州
003 西湖と山林杭州
004 杭州旧城と開発区
005 紹興
006 はじめての寧波
007 寧波旧城
008 寧波郊外と開発区
009 普陀山
010 天台山
011 温州

## 【福建省 - まちごとチャイナ】

001 はじめての福建省
002 はじめての福州
003 福州旧城
004 福州郊外と開発区
005 武夷山
006 泉州
007 厦門
008 客家土楼

## 【広東省 - まちごとチャイナ】

001 はじめての広東省
002 はじめての広州
003 広州古城
004 天河と広州郊外
005 深圳（深セン）
006 東莞
007 開平（江門）
008 韶関
009 はじめての潮汕
010 潮州
011 汕頭

## 【遼寧省 - まちごとチャイナ】

001 はじめての遼寧省
002 はじめての大連
003 大連市街
004 旅順
005 金州新区

006 はじめての瀋陽
007 瀋陽故宮と旧市街
008 瀋陽駅と市街地
009 北陵と瀋陽郊外
010 撫順

## 【重慶 - まちごとチャイナ】

001 はじめての重慶
002 重慶市街
003 三峡下り（重慶〜宜昌）
004 大足

## 【香港 - まちごとチャイナ】

001 はじめての香港
002 中環と香港島北岸
003 上環と香港島南岸
004 尖沙咀と九龍市街
005 九龍城と九龍郊外
006 新界
007 ランタオ島と島嶼部

## 【マカオ - まちごとチャイナ】

001 はじめてのマカオ
002 セナド広場とマカオ中心部
003 媽閣廟とマカオ半島南部
004 東望洋山とマカオ半島北部
005 新口岸とタイパ・コロアン

## 【Juo-Mujin（電子書籍のみ）】

Juo-Mujin 香港縦横無尽
Juo-Mujin 北京縦横無尽
Juo-Mujin 上海縦横無尽

## 【自力旅游中国 Tabisuru CHINA】

001 バスに揺られて「自力で長城」
002 バスに揺られて「自力で石家荘」
003 バスに揺られて「自力で承徳」
004 船に揺られて「自力で普陀山」
005 バスに揺られて「自力で天台山」
006 バスに揺られて「自力で秦皇島」
007 バスに揺られて「自力で張家口」
008 バスに揺られて「自力で邯鄲」
009 バスに揺られて「自力で保定」
010 バスに揺られて「自力で清東陵」
011 バスに揺られて「自力で潮州」
012 バスに揺られて「自力で汕頭」
013 バスに揺られて「自力で温州」

【車輪はつばさ】
南インドのアイラヴァテシュワラ寺院には建築本体に車輪がついていて寺院に乗った神さまが人びとの想いを運ぶと言います。

・本書はオンデマンド印刷で作成されています。
・本書の内容に関するご意見、お問い合わせは、発行元のまちごとパブリッシング info@machigotopub.com までお願いします。

まちごとインド
### 南インド023バックウォーター (コッラム〜アラップーザ)
〜ヤシの木茂る「水郷地帯」[モノクロノートブック版]

2017年11月14日　発行

| | |
|---|---|
| 著　者 | 「アジア城市（まち）案内」制作委員会 |
| 発行者 | 赤松　耕次 |
| 発行所 | まちごとパブリッシング株式会社<br>〒181-0013　東京都三鷹市下連雀4-4-36<br>URL http://www.machigotopub.com/ |
| 発売元 | 株式会社デジタルパブリッシングサービス<br>〒162-0812　東京都新宿区西五軒町11-13<br>清水ビル3F |
| 印刷・製本 | 株式会社デジタルパブリッシングサービス<br>URL http://www.d-pub.co.jp/ |

MP044

ISBN978-4-86143-178-4 C0326　　　　Printed in Japan
本書の無断複製複写（コピー）は、著作権法上での例外を除き、禁じられています。